Liebe Leserinnen, liebe Leser,

Kinder können Freude machen, können ganz schön stressen und sind das Beste, was es gibt. Und Mütter können so manche Geschichte über ihren Wonneproppen erzählen. Diese Geschichten waren die Inspiration für meinen aktuellen Gedichtband. Er ist allen Müttern und Vätern gewidmet, die sich auf den mühsamen Weg der Kindererziehung machen.

Ich wünsche wieder allen Lesern viel Freude damit.

Ihre

Heike Boeke

Heike Boeke

Kindergedichte

Bibliografische Information der Deutschen Nationalbibliothek:
Die Deutsche Nationalbibliothek verzeichnet diese Publikation in der Deutschen Nationalbibliografie; detaillierte bibliografische Daten sind im Internet über http://dnb.dnb.de abrufbar.

Illustration: **Heike Boeke**

Herstellung und Verlag: BoD – Books on Demand, Norderstedt

ISBN: 9-783749-480173

Butterkeks

Aus Mundes Winkel läuft's hinunter,
der Keks, er bröselt lustig munter.

Geknetet in den Händen wird,
sie sind inzwischen ganz verschmiert.

In jeder Ritze hängt er fest,
wenn in der Hand ihn weiter lässt.

Am Ende klebt und pappt das Kind,
wie schön doch Butterkekse sind.

Das mag ich nicht!

„Das mag ich nicht! "
klingt es grell durchs Haus,
das Kind spuckt's Essen wieder aus.

„Das mag ich nicht!", schreit es durchs Haus,
das Kind zieht Sachen wieder aus.

„Das mag ich nicht! "
spricht Kindermund es aus,
und schmeißt die Stifte quer durchs Haus.

„Das mag ich nicht! " mein Kind stets spricht,
den Satz, den mögen Mütter nicht.

Als Kind war alles leuchtend hell,
und jetzt ist manches nur noch grell.

Als Kind du konntest Fragen stellen,
die schlagen jetzt nur hohe Wellen.

Als Kind gelacht und auch geweint,
das Lachen jetzt verboten scheint.

Als Kind gebuddelt oft im Sand,
jetzt reicht oft nicht einmal ein Land.

Als Kind erfandst du lustige Geschichten,
über Indexzahlen musst du nun berichten.

Als Kind erfreute dich das Jetzt,
nun von Termin zum andren hetzt.

Wie schön war doch die Kinderzeit,
sie ist bereits schon fort so weit.

Türmlein steht im hellen Licht,
Kind strahlt über das Gesicht.

Stein um Stein wird aufgebaut,
mancher davon abgekaut.

Bunt und schief steht er so da,
dort, wo vorher gar nichts war.

Kind jetzt hat geballt die Faust,
die auf Türmlein niedersaust.

Heidewitzka welch ein Spaß,
bunte Steine jetzt im Gras.

Türmlein steht im hellen Licht,
Kind strahlt über das Gesicht.

Gebuddelt wird im heißen Sand,
mit einer Schaufel in der Hand.

Da werden Gräben tief gezogen,
in einem weiten weißen Bogen.

Gefüllt mit einer braunen Brühe,
die schleppt er an mit großer Mühe.

Die Burg wird immer größer dann,
sodass man Kind nicht sehen kann.

Jetzt trocknet sie in heißer Glut,
die diesem Sand nichts Gutes tut.

Am nächsten Tag ist sie dann fort,
gespült an einen andren Ort.

Das Kind jedoch baut unentwegt,
bereits schon neue Gräben gräbt.

Gebuddelt wird im heißen Sand,
mit einer Schaufel in der Hand.

Geschrei durch stille Straßen hallt,
ein Kind dabei die Fäuste ballt.

Die Lungen haben kaum mehr Luft,
Beruhigungsworte sind verpufft.

Der Kopf ist rot, die Stimme rau,
des Mutters Haare sind schon grau.

Es stampft nun mit den Füßen auf,
nimmt Schmerz jetzt dafür auch in Kauf.

Es will sein Recht und das sehr laut,
die Menschenmenge jetzt schon schaut.

Es liegt im Dreck und schluchzt dazu,
und gibt so gar nicht endlich Ruh.

Ein Schreihals ist's und das mit Lust,
und Mutter hat drum auch mal Frust.

Glockenhelle Stimmen singen,
wenn neue Kinderlieder klingen.

Sie kommen flink vom Kindergarten,
und können es kaum noch erwarten.

Den ganzen Tag schon singen sie,
so viel gesungen hab ich nie!

Bald kann ich es schon nicht mehr hören,
wenn sie den Feierabend stören.

Doch denk ich, wenn ich ehrlich bin,
zu singen macht doch manchmal Sinn.

Dann kann man auch mal herzlich lachen,
denn Reime sind wie kleine Drachen.

Sie wirbeln lustig hin und her,
das Leben ist dann nicht mehr schwer.

Auch, wenn sie an den Nerven sägen,
manch Kinderlieder sind ein Segen.

Man schleppt sie täglich jetzt heran,
entsorgt sie wieder bald sodann.

Sie sind kaum angebracht am Kind,
schon Feuchtigkeit aus ihnen rinnt.

Kaum hat man es zu Bett gebracht,
hat es die Windeln vollgemacht.

Nur waschen muss ich sie nicht mehr,
das war zu frühen Zeiten schwer.

In eine Tonne hau sie flink,
das Kind nicht mehr zum Himmel stinkt.

Man schleppt sie täglich jetzt heran,
entsorgt sie wieder bald sodann.

Gebrabbelt wird den ganzen Tag,
mein Kind zeigt dabei auf den Quark,
mit einem Löffel in der Hand,
auf den sein Name eingebrannt.

Es murmelt ständig vor sich hin,
und sucht dabei, wo ich wohl bin.

Den ganzen Tag red dummes Zeug,
dabei mich übers Kindlein beug.

Da plötzlich hör ich, wie es spricht,
und dabei zeigt nun auf das Licht.

Ich mach es aus und wieder an,
die Worte aus und an es kann.

Doch was ich hab damit erreicht,
es nicht mehr von dem Schalter weicht.

Es ruft daher nur an und aus,
drum geh ich mit dem Kind jetzt raus.

Noch andre Worte soll es lernen,
vom Schalter muss ich mich entfernen.

Zu Hause dann klingt's glockenhell,
mach an den Schalter wieder schnell.

Mit meinem Kind will ich hinaus,
es zieht die Stirn schon dabei kraus.

Denn das, was ich in Händen halte,
macht auf der Stirn ne Sorgenfalte.

Die Jacke, die ist viel zu warm,
es schrillt schon laut, wie ein Alarm.

Die Schuh zudem, die sind tabu,
das Kind will haben seine Ruh.

Doch ich will in die Sonne raus,
jetzt zieht sich meine Stirn schon kraus.

Ich rede, bettle, schimpfe jetzt,
zum Dank es hat sich hingesetzt.

Es rührt und rückt sich nicht vom Fleck,
zu ziehen hat auch keinen Zweck.

Nun gut, dann fang ich an zu putzen,
und werd den Tag jetzt anders nutzen.

Und prompt steht er in Mütz und Schal,
mit Schuhen an nach seiner Wahl.

Er will hinaus und das ganz schnell,
schreit es mir nun entgegen grell.

Als Mutter hab ein dickes Fell,
und zieh mir an die Schuhe schnell.

Ein laut Geschrei dringt an mein Ohr,
Gebrüll gesteigert, volles Rohr.

Was ist da wieder unten los?
Was machen denn die Kinder bloß?

Zu meiner Zeit, da wurd gespielt,
man stets ganz lieb sich da verhielt.

Die Worte, die zu mir gelangen,
mir Röte treiben in die Wangen.

Auch wir, wir haben uns gestritten,
doch konnten wir es oftmals kitten.

Doch diese außer Rand und Band,
solch Wut ich habe nie gekannt.

Schon jetzt sie denken nur an sich,
bedenklich ist das schon für mich.

Erwachsen werden sie wohl nicht,
falls Besserung ist nicht in Sicht.

Denn, wenn sie dann erwachsen sind,
verhalten sie sich wie ein Kind.

Ein laut Geschrei dringt an mein Ohr,
Gebrüll gesteigert, volles Rohr.

Den Löffel in der Hand,
der Brei fließt übern Rand.

Ganz verschmiert die Schnute ist,
trotzdem du zum Knuddeln bist.

Lachst mich an mit einem Zahn,
Brei der nimmt sich seine Bahn.

Bruchteil hält das Lätzchen fest,
auf den Boden fließt der Rest.

Welche Schlacht das jedes Mal,
doch du lässt mir keine Wahl.

Denn allein willst du es tun,
steh davor und lache nun.

Der Babybrei liegt auf dem Tisch,
mit einem Lappen ihn weg wisch.

Egal, es hat dir Spaß gemacht,
gemeinsam haben wir gelacht.

Doch irgendwann wirst du es können,
dann kann ich mir mal Ruhe gönnen.

Die Waffel hält es in der Hand,
am Himmel hoch die Sonne stand.

Schokolade sollt es sein,
die ist doch besonders fein.

Klebrig läuft's die Arme runter,
flegelt auf der Hose munter.

Tropft durch feucht geworden Tüte,
wirft auf Boden braune Blüte.

Verzweiflung macht sich jetzt schon breit,
bis nach Hause ist's noch weit.

Da hilft dann nur die Waschmaschine,
die Mutter denkt mit eis'ger Miene.

Den Mund zu voll sollt man nicht nehmen,
und nicht zu sehr sich drüber grämen.

Ein Becher nimmst das nächste Mal,
wenn du dann hast die neue Wahl.

Die Freunde komm´ in großen Scharen,
selbst die, die bisher keine waren.

Im Mittelpunkt steht jetzt mein Kind,
um das gemacht wird ganz viel Wind.

Geschenke gibt' s im Übermaß,
die liegen vor ihm jetzt im Gras.

Er weiß gar nicht wohin damit,
der Bagger ist der größte Hit.

Erschöpfung macht sich alsbald breit,
das Kind tut einem wirklich leid.

Denn allzu viel wird abverlangt,
müd das Kind daher nun schwankt.

Doch der Geburtstag war ganz toll,
das Kind hat jetzt die Hose voll.

Die Laune ist daher bald weg,
zu feiern hat drum keinen Zweck.

Die Türen fallen in den Rahmen,
und es beginnen neue Dramen.

Das Kind, das vorher doch so lieb,
es heute wieder bunt nur trieb.

Zu spät gekommen in der Nacht,
und einen um den Schlaf gebracht.

Gibt Widerworte unentwegt,
und an den Elternnerven sägt.

Schlurft rum, wie eine müde Matte,
wo ist der Liebreiz, den es hatte?

Schläft in den Tag hinein und träumt,
anstatt sein Zimmer es aufräumt.

Isst mir die Haare auch vom Kopf,
wenn's sein muss einen ganzen Zopf.

Weiß nicht, wer er ist und was,
motzt nur ohne Unterlass.

Bin ich froh, wenn es vorbei,
und der Kopf ist wieder frei.

Vor der Schul in Reih und Glied,
Elternautos man nur sieht.

Mütter stehn mit großen Taschen,
in den Händen was zum Naschen.

Fahren fast ein andres um,
parken aus mal kreuz, mal krumm.

Kind ist doch so schwach zu Fuß,
winken noch zum Abschiedsgruß.

Wenn die Schule wieder aus,
dann beginnt erneut der Graus.

Vor der Schul in Reih und Glied,
Elternautos man nur sieht.

Es kommt das Kind nach Haus gelaufen,
die Sachen schmeißt es auf den Haufen.

Die Schuhe kreuz und quer im Flur,
durchs Haus es zieht sich eine Spur.

Da liegt die Jacke gerad gekauft,
die Mutter wütend jetzt schon schnauft.

Übern Ranzen man fast fällt,
Butterbrot dazu gesellt.

Mütze findet man daneben,
Kind will jetzt nach draußen streben.

Schulaufgaben will nicht machen,
hat im Kopf ganz andre Sachen.

Doch die Mutter bremst es aus:
„Jetzt kommst du noch nicht hinaus!"

„Erst mal räumst du deinen Kram,
den du nimmst in deinen Arm,
dorthin, wo er hingehört,
und mich hier nicht weiter stört."

„An den Tisch setzt du dich dann,
machst dich an die Arbeit ran.
Erst danach gehst du hinaus."
Für das Kind ist das ein Graus.

Grimmig nimmt es seine Sachen,
laut man hört es darauf krachen.

Wütend schlägt die Türe zu,
doch die Mutter hat nun Ruh.

Laufen lernen

Es blinkt ein Zahn, der Säugling lacht,
er fröhlich auf den Weg sich macht.

Dort, wo er halten kann sich fest,
manch Spuren er dort hinterlässt.

Er krabbelt schneller als gedacht,
vor Hindernis nicht Halt er macht.

Dann steht er plötzlich, wackelt leicht,
sein Händchen quäkend er mir reicht.

Ab jetzt ich laufe krumm daher,
denn ohne mich es ist noch schwer.

„Genau die Schuhe solln es sein,
in die pass ich perfekt hinein."

„Im Dunkeln leuchten sie ganz hell,
mit Streifen, die da blinken grell."

„Genau die hat der Martin auch,
und deshalb ich genau die brauch."

Das sagt mein Kind mir ganz glasklar,
als ich im Laden mit ihm war.

Aufs Preisschild schaue ich und schwitz,
der Preis dafür ist doch ein Witz.

Zu klein sie werden eh bald sein,
in die passt er bald nicht mehr rein.

„Wovon soll das bezahlen ich?"
Das frag ich ernsthaft gerade mich.

Doch weiß ich es, wie schwer es wiegt,
wenn diese Schuhe er nicht kriegt.

Verzichten werd ich daher nun,
und laufen mit den alten Schuhn.

Mein Kind jetzt nimmt mich in den Arm:
„Ach was, das ist doch alles Kram!

Der Martin ist doch eh ein Schwätzer,
auch, wenn er Schuhe hat wie Netzer.
Ich möcht viel lieber jetzt ein Eis,
die Schuhe sind der letzte Scheiß."

Mama

Die Mama kann ganz viele Sachen,
besonders kann sie mit mir lachen.

Sie hält mich fest, wenn ich mal weine,
und klebt ein Pflaster auf die Beine.

Sie hat fast immer Leckereien,
und Fehler kann sie meist verzeihen.

Sie findet was ich mache toll,
und manchmal sagt sie, was ich soll.

Sie bringt mich in den Kindergarten,
und malt mit mir auch bunte Karten.

Sie bastelt und sie singt mit mir,
obwohl ich doch schon jetzt bald vier.

Die Mama kann ganz viele Sachen,
besonders kann sie mit mir lachen.

Der Papa ist ein großer Mann,
es deshalb ja fast alles kann.

Er wirft mich hoch und fängt mich auf,
mit einem Ball ich zu ihm lauf.

Er spielt mit mir, wenn er zu Haus,
und geht mit mir zum Garten raus.

Ein Haus aus Holz wir bauen dann,
in das ich mich verstecken kann.

Ganz stolz bin ich, wenn er mich lobt,
und mit mir durch das Haus auch tobt.

Der Papa ist ein großer Mann,
es deshalb ja fast alles kann.

Mit Argusaugen wird gewacht,
dass das, was er sich ausgedacht,
Friseuse es genauso macht.

Denn nicht zu kurz will er den Schnitt,
er macht nicht jede Mode mit.

Er blickt hinein jetzt in den Spiegel,
als sie heranbringt einen Tiegel.

Denn er will eine blonde Strähne,
in seine nun geschnitten Mähne.

Er zeigt, genau dorthin sie soll,
damit die Haare werden toll.

Am Ende kritisch blickt umher,
es richtig machen fällt gar schwer.

Doch ganz erleichtert ist sie dann,
wenn er sich nachher leiden kann.

Eine Woche lief die Planung,
die Kinder hatten keine Ahnung.

Man wollte mal was Großes machen,
statt nur zu spielen mit dem Drachen.

Man wollt mit ihnen in den Zoo,
und auch besuchen eine Show.

Ganz früh man zog sie aus dem Bett,
das fanden sie so gar nicht nett.

Gemault, geweint und müd dazu,
die Eltern gaben keine Ruh.

Der Weg dorthin war nämlich lang,
es in die müden Ohren drang.

Die Fahrt daher war schon genug,
zur Stimmung sie gerad nicht beitrug.

An Schaltern eine Schlange lang,
und in der Blase einen Drang.

Auch macht sich jetzt der Hunger breit,
für das Getier noch nicht bereit.

Dann endlich sieht man die Giraffe,
und bald darauf auch noch ein Affe.

In den Streichelzoo sodann,
wo man Ziegen füttern kann.

Dort sie wollen nicht mehr fort,
hin zu einem andern Ort.

Auch die Show ist nichts für sie,
streicheln lieber Zottelvieh.

Dazu ist man hergekommen,
denkt der Vater ganz benommen.

Esel, Ziege, Schaf und Hund,
dafür eine ganze Stund!

Bei Bauer Wilhelm gibt's die auch,
zu fahren in den Zoo nicht brauch.

Das nächste Mal, das steht jetzt fest,
man wieder Drachen steigen lässt.

Der Einkaufswagen prall gefüllt,
das Kind im Arm, das lauthals brüllt.

Das Haar verschwitzt, die Nerven blank,
mit Kind der Einkauf macht mich krank.

Aus vollem Hals er schreit und tritt,
für mich es ist ein heißer Ritt.

Denn an der Kasse sind so Sachen,
die finde ich gar nicht zum Lachen.

In Augenhöhe von dem Kind,
die süßen Sachen nämlich sind.

Der Einkauf wird so zur Tortur,
ich schau verzweifelt auf die Uhr.

Die Schlange vor mir endlos lang,
mir wird schon wieder angst und bang.

Die Leute drehen sich schon um,
mein Rücken, der ist auch ganz krumm.

Doch niemand Mitglied hat mit mir,
mein Kind kreischt jetzt schon wie ein Tier.

Er will das, was da vor ihm liegt,
dafür er jetzt schon sich verbiegt.

Dann endlich bin ich an der Kasse,
wie ich den Einkaufsterror hasse.

Das Kind zum Knie es kaum mir reicht,
und ihm die Wahl, sie fällt nicht leicht.

Die Schlange wächst, es murmelt laut,
das Kind verzweifelt um sich schaut.

„Was möchtest du denn nun mein Kind,
Vanille oder Schokomint?"

Es schaut und schaut, es fehlt der Mut,
denn alles, was es sieht, scheint gut.

Und länger wird die Schlange jetzt,
die Kind in helle Angst versetzt.

„Nun sag schon, welches Eis dir schmeckt?"
Sich Kind auf Zehenspitzen reckt.

Dann endlich kommt aus Kindermund:
„Ich möchte Eis, das ist schön bunt."

So nimmt der Eismann Eis, das blau,
manch Haar inzwischen ist jetzt grau.

Das Kind jedoch, das ist beglückt,
die Qual der Wahl sie ist geglückt.

Gepackt hab ich den ganzen Tag,
noch immer was ins Auto trag.

Mit Kind und Kegel geht es fort,
die Sonne scheint an jenem Ort.

Italien soll es diesmal sein,
von Stress wir wollen uns befrein.

Gestartet sind vor einer Stund,
schon Kindermund tut Wünsche kund.

Mama, wie lange dauert's noch,
ich hab im Magen großes Loch.

Zudem muss Pipi ich sofort,
drum halt jetzt bitte hier am Ort.

So kommen wir doch nicht voran,
sagt vorwurfsvoll jetzt noch mein Mann.

Die Fahrt, war eine einzge Schur,
danach ich muss bestimmt zur Kur.

Gequengelt wurde Stund um Stund,
wenn vollgestopft nicht war der Mund.

Wir war ich froh, als sah das Meer,
die Rückfahrt wird genauso schwer.

Gestrickt, gehäkelt und genäht,
damit kein Wind den Kopf umweht.

In Gelb, in Grün und auch in Blau,
gerad, wenn der Himmel ist ganz grau.

Doch Kind, das schreit und läuft rot an,
die Mütze es nicht leiden kann.

Die Hand zieht es vom Kopf geschwind,
sodass das Kind gar ist fast blind.

Die Mütze fliegt jetzt in den Dreck,
und schimpfen hat so gar kein Zweck.

Das Ohr tut weh am Tag darauf,
das nächste Mal setzt Mütze auf.

Gestrickt, gehäkelt und genäht,
damit kein Wind den Kopf umweht.

Das Kind es spricht, man ist beglückt,
doch bald darauf wird man verrückt.

Warum Mama, ist Gras so grün?
Weil Sonne scheint, behaupt ich kühn.

Warum die Sonne scheint so hell,
und in den Augen ist's so grell?

Weil sie ganz heiß ist, sag ich dann.
Ich mich daran verbrennen kann?

Ja, sag ich Kind, die Haut wird rot,
gebacken wird sie wie ein Brot.

Warum Mama ist sie so böse?
Doch dieses Rätsel ich nicht löse.

Ach Kind, jetzt sei doch einmal still,
weil ich dies Buch gern lesen will.

Warum Mama, spricht Kindermund,
bald schlägt jedoch die Abendstund.

Dann endlich Stille senkt sich nieder,
und lesen kann ich dann bald wieder.

Aus Kautschuk ist er hergestellt,
und jedem Säugling er gefällt.

Mal rot, mal grün mit Glitzersteinen,
mit ihm das Kind kann meist nicht weinen.

Doch flutscht er einmal aus dem Mund,
dann geht's darauf bald mächtig rund.

Auch gibt es Kinder, die ihn werfen,
den Frust der Eltern dann verschärfen.

Denn, wenn er einmal liegt im Dreck,
ihn putzen hat dann keinen Zweck.

Denn kaum ist er gerad wieder rein,
fällt flink er in den Dreck hinein.

Voll Freude schreit das Kind DADA,
die Mutter kullern ihn nur sah.

Sie bückt sich, steckt ihn in die Tasche,
fällt nicht herein auf diese Masche.

Doch kaum geschehen brüllt es los.
Wo ist denn jetzt der Schnuller bloß?

Kaum steht das Kind und kann nun laufen,
kann Mutter bald nicht mehr verschnaufen.

Drum kauft ein Laufstall sie geschwind,
damit die Sachen sicher sind.

Denn ist das Kind einmal in Fahrt,
es Kunterbuntes um sich schart.

Da ist das Buch mit Golddruck vorn,
dort noch der Strauß aus bleichem Korn.

Der kostbar Kerzenhalter auch,
das Kind für lautes trommeln brauch.

Das Kind wird in den Stall gesteckt,
damit es Dummes nicht ausheckt.

Nun steht es weinend an dem Gitter,
und wird jetzt auch noch immer fitter.

Es rüttelt, stampft und tritt voll Wut,
den Laufstall findet er nicht gut.

Die ganze Nacht hat er geweint,
der neue Zahn er ist sein Feind.

Was Weißes lugt da schon hervor,
es rückt ganz langsam dort schon vor.

Der Beißring ist bald ganz zerkaut,
und trotzdem weint das Kind recht laut.

Dann endlich blinkt der kleine Zahn,
hat sich gebrochen eine Bahn.

Wenn er nun lacht, sind hell beglückt,
der kleine Zahn ist ihm geglückt.

Das Kind lernt gerade, wer es ist.
Die Contenance dabei vergisst.

Ich will, ich hab, ich mach das nicht,
so schreit er nun der kleine Wicht.

Wirft sich vor mir auch in den Staub,
schreit so laut, dass ich bald taub.

Sein Wille zählt nur jetzt und hier,
er raubt den letzten Nerv bald mir.

Das Ich hat er für sich entdeckt,
und Widerworte ausgeheckt.

Ich hoff jedoch, bald ist's vorüber,
kann später herzlich lachen drüber.

Das Kind soll keine Windeln tragen,
daher die Mutter will es wagen.

Sie zieht ihm eine Hose an,
und schaut ihn ernsthaft an sodann.

Wenn du musst, dann rufe mich,
dass ich kann dann bringen dich,
auf den Topf, der steht im Haus,
und ich dorthin mit dir saus.

Kind, das spielt jetzt ganz versonnen,
hat ein Sandhaus gerad begonnen.

Mama, ruft es plötzlich laut,
und auf seine Hose schaut.

An den Beinen läuft's hinunter,
und er ist jetzt gar nicht munter.

Hose voll, das Kind verschämt,
Mutter jedoch sich nicht grämt.

Zieht dem Kind die Windeln an,
ohne es wohl noch nicht kann.

Geburtstag hat mein Kind gehabt,
und Oma meint, er ist begabt.

Drum wurd ne Trommel ihm geschenkt,
die Oma nicht an Nachbarn denkt.

Jetzt wird getrommelt Tag und Nacht,
selbst Taube, sie sind aufgewacht.

Wie nimmt man ihm das wieder weg?
Zu reden hat da keinen Zweck.

Was hat die Oma bloß getan,
warum nicht hat geschenkt nen Kran?

Doch bald die Trommel ist dann out,
die Nerven sie jetzt nicht mehr klaut.

Bei Opapa und Omama,
da werden manche Märchen wahr.

Da gibt es immer nur das Beste,
und feiern tun wir viele Feste.

Da krieg ich immer was geschenkt,
und Opa einen Traktor lenkt.

Mit dem wir fahren auf das Feld,
auf seinem Schoß bin ich der Held.

Bei Oma gibt's nen Pflaumenkuchen,
den essen wir dann unter Buchen.

Im Sommer gibt's oft Erdbeereis,
und Opa tolle Spiele weiß.

Bei Opapa und Omama,
da werden manche Märchen war.

Zum ersten Mal es Wasser sieht,
und ängstlich es den Mund verzieht.

Mit einem Eimer in der Hand,
gefüllt ist er mit etwas Sand.

Die Wellen schwappen an den Strand,
es läuft drauf zu an meiner Hand.

Das Wasser nun erreicht es jetzt,
prompt hat es sich doch hingesetzt.

Gejubelt wird und viel gelacht,
wer hätte das noch gerad gedacht.

Ne Wasserratte sitzt dort fest,
die nicht mehr sich bewegen lässt.

Die Lippen blau, die Hände kalt,
muss ziehen es nun mit Gewalt.

Wie schön doch Wasserwelten sind,
und Sand, der durch die Zehen rinnt.

Mein Kind kommt fröhlich angerannt,
ein Bild hält es da in der Hand.

Für mich gemalt, ich bin entzückt,
und schau es an, wie ganz entrückt.

Was es ist, das weiß ich nicht,
sieht so aus, wie kleiner Wicht.

Häng es auf und freu mich dran.
Was mein Kind doch alles kann!

Am nächsten Tag ein neues Werk,
wieder ist's ein kleiner Zwerg.

Überall sind Zwerge jetzt,
die von mir sind hoch geschätzt.

Doch ich hoffe, dass mein Kind,
bald ein andres Hobby find.

Auf den Schultern

Auf den Schultern von Papa,
viele tolle Dinge sah.

Hüpf auf Schulter auf und nieder,
sing dabei noch Kinderlieder.

Fühl mich, wie ein Riese groß,
anders, als auf Papas Schoß.

Klammer mich an ihn ganz fest,
damit er mich nicht fallen lässt.

Heidewitzka welch ein Spaß,
wenn auf Papas Schultern saß.

Mit Besteck essen

Sitzt vorm Teller ganz gespannt,
mit dem Löffel in der Hand.

Faust geballt, der Löffel schief,
von dem schon die Soße lief.

Mund verschmiert, ein Zähnlein blinkt,
als das Essen drin versinkt.

Stolz wie Oskar schaut mich an,
mit dem Löffel essen kann.

Luftballon tanzt an der Hand,
hält ihn fest an einem Band.

Mit leuchtend Augen schaut ihn an,
sein Glück daher kaum fassen kann.

Ballon tanzt wild im starken Wind,
kaum halten kann ihn jetzt das Kind.

Da kommt ein Windstoß, weg ist er,
der Abschied fällt dem Kind sehr schwer.

Hoch in die Lüfte schwebt er fort,
weit weg an einen andren Ort.

Das Kind schaut traurig in die Luft,
das Glücksgefühl, es ist verpufft.

Er winkt zum Abschied hinterher,
vermissen wird er ihn doch sehr.

Luftballon tanzt an der Hand,
hält ihn fest an einem Band.

Klettergerüst

Am Spielplatz steht es bunt aus Holz,
es reckt die Stufen hoch voll Stolz.

Die Kinder lieben es gar sehr,
es zu besteigen ist recht schwer.

Doch Klettern macht so richtig Spaß,
und manches Kind gibt dabei Gas.

Hoch oben thront es dann und lacht,
gewonnen hat es diese Schlacht.

Die Mütter schwitzend schaun nach oben,
die Kinder möchten, dass sie loben.

Doch diese Kinder haben Mut,
und das ist wiederum doch gut.

Kinderkarussell

Es dreht sich flink im Kreis geschwind,
die Haare fliegen mit dem Wind.

Ein Pferdchen, eine Kutsche auch,
ein Feuerwagen mit nem Schlauch.

Die Kinder sitzen, jubilieren,
auf Elefant und andren Tieren.

Kinderlachen hört man hell.
Wie schön ist doch ein Karussell!

Schnee fällt leise auf die Scheiben,
draußen herrscht ein buntes Treiben.

Weihnacht vor der Tür bald steht,
altes Jahr so schnell vergeht.

Kinderaugen glänzen hell,
das Geschenk verstecken schnell.

Hab den Weihnachtsmann bestellt,
der dem Kind dann Fragen stellt.

„Warst du artig dieses Jahr? "
Zaghaft sagt das Kind dann ja.

Hinter Mutters Rock es steht,
roten Mann es nicht versteht.

Als es das Geschenk nun sieht,
das der Mann aus Säcklein zieht,
freut er sich dann doch noch sehr,
und erwartet nun noch mehr.

Schaut ins Säcklein tief hinein,
steht dabei auf einem Bein.

Weihnachtsmann verschwindet wieder,
und wir singen Weihnachtslieder.

Dort in die Ecke hingestellt,
dass man fast darüber fällt.

Kind hat ihn dorthin geschmissen,
ist gefüllt mit manchem Wissen.

Bücher, Stifte, Hefte auch,
dick ist deshalb auch sein Bauch.

Zwischendrin ein altes Brot,
stinkt schon so, als ob es tot.

Bunte Sticker, voll geklebt,
Ranzen schon sehr lange lebt.

Doch das Kind, das will nur den,
wenn nen neuen ich erwähn.

Denn der Rudi hat den auch,
und mein Sohn den gleichen brauch.

Haarspange

Die Haare lang, das will mein Kind,
weil lange Haare schöner sind.

In sie kann stecken man ganz viel,
denn Schönheit, das ist jetzt ihr Ziel.

Da gibt es Spangen mit einer Feder,
und manche davon sind aus Leder.

Mit Glitzerstein und Katzenkopf,
die sind dann für den großen Zopf.

Mit buntem Tuch sind sie bezogen,
auf denen Weizenfelder wogen.

Mit großer Blume aus Papier,
welch herrlich Pracht und bunte Zier.

Den Überblick ich bald verlier,
vor dieser Spangenmasse schier.

Wasser liebt mein Kind gar sehr,
Badewannen umso mehr.

Fabelwesen, Enten, Bälle,
sind zur Hand dann auf der Stelle.

Fliegen hoch und klatschen nieder,
Wasser brodelt, wie ein Sieder.

An den Wänden weiße Flocken,
ich bin nass bis auf die Socken.

Blubbernd taucht es tief hinab,
bis ich es beim Kragen schnapp.

Wildes Kreischen und Gezappel,
vor Wut ich zittre wie ne Pappel.

Jede Woche gleiches Spiel,
manches Mal ist's mir zu viel.

Wasser liebt mein Kind gar sehr,
Badewannen umso mehr.

So nenn ichs Badewannen Blues,
an alle Mütter einen Gruß.

Verzweiflung macht sich langsam breit,
mein Kind die ganze Nacht schon schreit.

Die ersten Zähne wollen nicht,
nichts kleines Weißes ist in Sicht.

Ein Kauring geb ich in die Hand,
er fliegt mit Wucht jetzt an die Wand.

Ich leide wirklich mit ihm mit,
jedoch ich bin nicht mehr ganz fit.

Die Augenringe schon ganz tief,
weil ich die Nacht ja auch nicht schlief.

Dann endlich sieht mein Zwerg mich an,
ich jetzt es gar nicht fassen kann.

Ein Zähnlein steht in seinem Mund,
das wohl herauskam letzte Stund.

Ich bin verzückt und kann's nicht fassen,
jetzt wird er mich wohl schlafen lassen.

Es schneit und draußen ist es kalt,
derweil mein Blut mir in den Adern wallt.

Die Mütze will mein Kind nicht haben,
wenn wir zum Kindergarten traben.

Auch diese Jacke nicht genehm,
die ich aus seinem Schrank jetzt nehm.

Er will das Sommerjäckchen tragen,
so langsam platzt mir jetzt der Kragen.

Die Uhr schon zeigt, wie spät es ist,
drum greife ich zu einer List.

Wenn ziehst du diese Sachen an,
ich nachher Eis dir machen kann.

Verzückt schaut er mir ins Gesicht,
und zieht sich an jetzt Schicht um Schicht.

Und als er kommt zu Hause an,
zum Glück sich nicht erinnern kann.

Ein Gänseblümchen in der Hand,
das er gepflückt am Wegesrand.

Die Hose ist ganz starr vor Dreck,
zu schimpfen hat so gar kein Zweck.

Dies Blümchen hab für dich gesehen,
dafür im musst im Bächlein stehen.

Deshalb die Hose schlimm sieht aus,
weil ich nicht aus dem Bach kam raus.

Dann bin ich auch noch ausgerutscht,
und meine Socken sind verrutscht.

Die Mutter kann drauf nur noch lachen,
und ihm ein warmes Bad schnell machen.

Zudem kann sein ihm böse nicht,
wenn er so macht ein lieb Gesicht.

Der Windelkauf schon lange währt,
die Haushaltskasse es verzehrt.

Drum kaufe ich ein Töpfchen ein,
von Windeln möcht ich uns befrein.

Was gibt es da für tolle Sachen,
in die mein Kind kann AA machen.

In Gelb, in Blau, in Rosarot,
ich hab beim Kauf so meine Not.

Voll Stolz ich komm zu Hause an,
der Topf zieht Kind in seinen Bann.

Doch soll er nun darauf mal sitzen,
komm ich dann doch ganz schön
ins Schwitzen.

Meist er hat doch keine Zeit,
und zum Topf ist es zu weit.

Die Windel war doch so bequem,
die bald zur Hand ich wieder nehm.

Der Töpfchenkampf beginnt von vorn,
mein Kind ist rot jetzt schon voll Zorn.

Doch geb ich nicht so schnell mehr auf,
und Windeln darum nicht mehr kauf.

So geht es bald tagaus, tagein,
und manches Mal brauch ich nen Wein.

Der Töpfchen Blues ereilt mich dann,
doch klappen wird es irgendwann.

Mein Kind kommt aufgeregt nach Hause,
und zieht ne Stirn, die ist ganz krause.

Ein Drachen hab ich heut entdeckt,
den hab ich aus dem Schlaf geweckt.

Da wurd er bös, hat mich gebissen,
ich schmiss auf ihn mein großes Kissen.

Das lief dann mit dem Drachen weg,
und später fand ich es im Dreck.

Dran schuld war nur das böse Vieh,
sonst wär mein Kissen dreckig nie.

Welch Fantasie hat doch mein Kind,
wenn es Geschichten wieder spinnt.

Der Drache war wohl Lukas Schmidt,
der macht ja jeden Kampf gern mit.

Sein Kissen sieht wohl auch so aus,
und irgendwann krieg ich das raus.

Schauen Sie einmal auf meiner Website vorbei. Hier finden Sie schöne Gedichtbände und Geschichten für groß und klein von mir:

www.heike-boeke.de

Tiergeschichten Band 1
ISBN: 978-3-7460-3467-6

Lassen Sie sich überzeugen von Caro, die den Mut hatte sich ihre Träume zu erfüllen, von Marvin der lernte, dass er auch als Erpel die Welt erobern kann und von Clothilde, die merkte, das Ballast hinderlich ist, um ein Ziel zu erreichen.

Erfülle dir deine Träume!
Versuche nicht jemand anderes zu sein als du selbst!
Werfe den Ballast über Bord!

Tiergeschichten Band 2
ISBN: 978-3-7460-7557-0

Die Geschichten erzählen von Mut, Freundschaft, bestandenen Gefahren und Menschen, die Tiere als das behandeln, was sie sind - Lebewesen.

Echte Freundschaft kennt keine Grenzen

Pünktchen das Plejadenkind

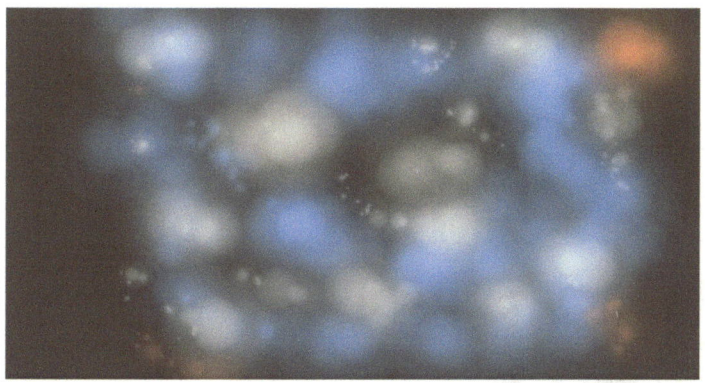

ISBN: 978-3-7481-4421-2

In diesem Buch lernt ihr Pünktchen und seine Sicht auf unseren schönen Planeten Erde kennen. Pünktchen ist ein Stern in den Plejaden und er beobachtet schon sehr lange das Treiben auf unserem Planeten. Dabei kommen ihm so einige Gedanken und er erzählt die Geschichte vom Leben einer Buche im Wald und Menschen, die um deren Leben und die Schönheit ihrer Heimat kämpfen.

Oskars Reise

ISBN: 978-3-7448-0928-3

Dieses Buch habe ich allen Kindern und Erwach-
senen gewidmet, die mit einer körperlichen oder
geistigen Einschränkung leben. Die Geschichte
erzählt von einem Jungen mit Namen Oskar, der
durch einen Traum lernte, dass jeder Mensch lie-
benswert und einzigartig ist und auch ein Leben
mit Einschränkungen ein schönes Leben ist.